NOTICE

SUR

LES NOMADES DU TURKESTAN

PAR M. H. DE BLOCQUEVILLE.

En 1860, j'étais à Téhéran, capitale de la Perse, et sur le point de faire un voyage dans la partie du sud et de l'est de cette contrée que je désirais visiter d'une façon particulière. C'est à cette époque qu'une expédition persane fut organisée pour aller réprimer le brigandage exercé par les tribus nomades et insoumises des Turcomans, situées à l'est du Khorassan, et dont les maraudes ne cessent de sillonner le pays, en venant même au centre de la province surprendre des villages entiers et enlever les caravanes.

Sa Majesté le schah de Perse, ayant appris que j'allais partir, me fit proposer d'abandonner mon premier projet pour suivre l'expédition qu'il envoyait au Turkestan, et lui rapporter la relation du voyage ainsi que les vues ou croquis des choses intéressantes que j'aurais trouvées pendant le trajet. Je m'empressai d'accepter cette proposition qui me fournissait l'occasion de visiter un pays pour ainsi dire inexploré, et qui, comme presque toutes les contrées de l'Orient, connues seulement par traditions, n'offrent aux yeux des voyageurs que des chaînes de montagnes arides ou des déserts sablonneux et salés.

Depuis Sir John Macdonald, employé diplomatique et collaborateur de Sir John Malcolm, qui n'est allé que jusqu'au Khorassan; depuis Alexandre Burnes, qui n'a fait que passer par Marv, lors de son retour de Boukhara en Perse, de 1831 à 1833, sans donner de renseignements exacts sur ce pays; je suis le seul Européen à qui un trop long séjour dans ces contrées ait permis d'en rapporter une description et des renseignements exacts, sur les mœurs, les costumes et les positions des nomades qui habitent les rives du Tedjen et du Mourgab.

Comme on le sait, le résultat de l'expédition n'a pas été heureux. Après un voyage difficile à travers le Khorassan et la partie du désert qui nous séparait du Mourgab, l'armée persane, mal dirigée du reste, manquant de vivres et d'eau la plupart du temps, a été presque entièrement détruite ou prise par les tribus Tékhés, possesseurs du territoire de Marv. Malgré ce désastre, après lequel je suis resté quatorze mois aux mains des Turcomans et dans une dure captivité, j'ai pu observer les mœurs et les coutumes de ces peuplades, et sauver une partie des notes qu'il m'avait été possible de recueillir pendant mon pénible voyage.

Aussi je me fais un devoir, si mon croquis de carte (1) et les renseignements qui l'accompagnent peuvent être

---

(1) Dans un prochain numéro du Bulletin nous donnerons le croquis avec une note spéciale de M. de Blocqueville sur cette contrée. (*Rédaction.*)

de quelque utilité, de les communiquer à la Société de géographie, ainsi que quelques détails qui suffiront, je pense, pour donner une idée des Turcomans et de leur caractère.

Le Turcoman est de race mogole, selon les uns, ou indo-tartare, selon les autres. Sans chercher à discuter ces différentes opinions, il faut cependant reconnaître que son type est bien plus semblable à celui des Kirghis et des Tartares qu'à n'importe quelle autre race. Toutes ces tribus turcomanes ont bien le même type, mais encore existe-t-il parmi elles des différences remarquables soit dans la forme de la tête, soit dans les traits. Ainsi ces nomades ne ressemblent pas aux Boukhariens ; il existe, de même, une différence entre ces derniers et les Khivaïens, différence que l'on peut comparer à celle qui existe entre les Kirghis de l'Oural et les Kalmouks.

Le type Turcoman que j'ai été le plus à même de connaître et auquel on ne peut se méprendre, se résume comme suit. L'homme est d'une taille qui dépasse généralement ce que nous appelons la moyenne. Il est bien proportionné ; sans avoir les muscles très-développés, il n'en a pas moins de la force, et jouit ordinairement d'une robuste constitution qui lui permet de supporter les fatigues et les privations ; il a la peau blanche et peu garnie de poils, son visage est rond, ses pommettes saillantes, son front large ; la boîte osseuse est développée et forme à son sommet comme une crête. Son œil, petit, vif et intelligent, est bridé, fendu en amande et, pour ainsi dire, sans paupières ; le nez est généralement petit et retroussé, le bas de la figure est un peu fuyant et les lèvres sont assez grosses. Sur tout cela un peu de moustaches et une barbe clair-semée au menton, ainsi qu'aux joues. Les oreilles sont très-développées et détachées de la tête ; l'habitude des Turcomans d'enfoncer leur coiffure sous les oreilles augmente encore cette difformité, au point qu'en regardant un Turcoman de face, l'oreille se présente comme quand on regarde un autre homme de profil. Les hommes ne se rasent que la tête.

Le costume du Turcoman se compose d'un large pantalon, tombant sur le pied et serré sur les hanches au moyen d'une coulisse ; d'une chemise sans col et ouverte sur le côté droit jusqu'à la ceinture ; elle tombe par-dessus le pantalon jusqu'à moitié cuisse. Là-dessus, une ou plusieurs grandes robes ouvertes par devant, croisant légèrement sur la poitrine et serrées à la taille par une ceinture en étoffe de coton ou de laine. Les manches, très-longues et très-larges, ressemblent assez à ce qu'on appelait manches à gigot ; sur la tête une petite calotte remplaçant les cheveux et par-dessus laquelle on met une sorte de coiffure appelée *talbak*, ayant la forme d'un cône dont on enfoncerait tant soit peu le sommet. Le talbac est de peau d'agneau que nous appelons *astrakhan*, bien qu'il vienne réellement de la Boukarie, ou de peau de mouton ordinaire, et de toutes les formes. La chaussure habituelle est une sorte de babouches ou simplement une semelle de cuir de chameau ou de cheval, fixée sous le pied au moyen d'une corde de laine. En hiver, et pour monter à cheval, les Turcomans ainsi que leurs femmes portent des bottes. Le pied est d'abord entouré d'une flanelle que l'on fait monter jusqu'à moitié jambe et dans laquelle le pantalon est retenu. On met ensuite une botte en feutre souple, mais très-épais, et par-dessus tout cela une grande botte en cuir de Russie, montant au-dessus du genou. Ces bottes ont la couture en dedans, le talon est très-élevé et étroit, la base protégée par un fer rivé dans le talon ne dépasse pas la largeur d'une pièce d'un franc ; lorsqu'elles sont préalablement graissées, ces chaussures deviennent imperméables. Le Turcoman a toujours avec lui un couteau et un briquet suspendus sur le côté de la taille au moyen d'une corde ou d'une lanière.

La femme présente les mêmes proportions que l'homme, seulement le type est plus marqué chez elle ; ses pommettes sont plus saillantes ; sa peau est très-blanche malgré la malpropreté ; et peut-être est-ce à ne pas faire excès du bain, que les femmes Turcomanes doivent d'avoir, dit-on, les chairs très-fermes. Leurs cheveux sont généralement épais, mais très-courts ; aussi sont-elles obligées d'allonger leurs tresses au moyen de ganses de poil de chèvre (on ne connaît pas les faux cheveux dans ce pays) et de cordons après lesquels sont attachées des verroteries et des perles d'argent. Le costume de la femme se compose d'un pantalon qui descend jusqu'à la cheville, où il devient étroit, de manière à ne laisser que le passage du pied ; d'une chemise ample mais droite arrivant également jusqu'à la cheville : elle est ouverte par devant jusqu'à hauteur des seins, et sur toute la partie de la poitrine sont attachées des pièces d'argent, aplaties et de forme ovale. Des cornalines sont enchâssées sur quelques-unes de ces pièces dont les femmes mettent jusqu'à six rangées de huit à dix pièces chacune. Elles ont de plus un par dessus dans le genre de celui que portent les hommes, mais qui ne descend que jusqu'à mi-jambe : les femmes mariées seulement portent quelquefois la ceinture par-dessus la chemise. Des deux côtés des tempes, elles laissent passer une mèche de cheveux tombant au-dessous du menton ; le reste de la chevelure se partage en deux tresses qui tombent sur les reins. Sur la tête est une toque ronde, par-dessus laquelle elles mettent un voile de soie ou de cotonnade tombant par derrière jusqu'aux talons, et, pour mieux maintenir le tout, une sorte de turban de la largeur de trois doigts sur lequel sont cousues de petites plaques d'argent ; un simple nœud derrière la tête sert à fixer ce bandeau. Un des coins du voile est ramené sous le menton de droite à gauche et vient se fixer, au moyen d'une chaînette d'argent terminée par un crochet, sur le côté gauche de la tête. Selon les circonstances, ce bout de voile est passé sur le menton jusqu'à la lèvre inférieure, comme chez les Arméniennes.

Leurs boucles d'oreilles sont d'argent massif, de la forme d'un triangle, sur lequel sont dessinés des arabesques d'or au milieu desquelles se trouve une cornaline enchâssée ; de la base du triangle pendent de petites chaînettes, de la longueur de 5 centimètres, et terminées par une petite lame d'argent ayant la forme d'un losange ; une chaîne d'argent, fixée au crochet en forme d'hameçon, qui passe dans l'oreille, vient s'attacher sur le haut de la tête et sert à soulager l'oreille qui ne pourrait porter un poids aussi considérable ; car une paire de ces ornements ne pèse pas moins de 200 grammes. Les bracelets sont généralement de forme ovale, faits d'une seule pièce et d'une largeur qui varie de deux à trois doigts. Une ouverture laissée sur un côté de l'ovale permet de passer le poignet en forçant un peu. Pour cela, les femmes se mouillent préalablement avec leur salive, et aussitôt le poignet engagé, elles donnent un tour, de façon que le bracelet s'adapte à la forme du bras. Le poids d'un bracelet varie ds 250 à 300 grammes, et, comme toutes les pièces formant parure, il est d'argent avec arabesque d'or et cornalines montées. Le collier a aussi une forme adoptée et qui varie selon sa valeur. Il se compose d'une lame flexible, qui fait le tour du cou, et qui se fixe sur le côté au moyen d'une charnière; à ce cercle est suspendue, sur la poitrine, une sorte de losange grand comme la main, travaillé à jour et divisé en cases, dans chacune desquelles une cornaline ronde ou carrée est enchâssée. Des chaînettes, terminées aussi par des lames d'argent, prolongent encore cette parure du poids de 750 grammes au plus. Après un baudrier de cuir, couvert de plaques d'argent, est suspendu un étui destiné à recevoir des amulettes, talismans ou versets du Khoran. Cette pièce triangulaire est dentelée, la pointe du triangle en bas, l'étui formant la base. Comme le reste, il est d'argent, avec ornements, et pèse environ 500 grammes. La tiare est une coiffure qui ne se porte que dans les grandes cérémonies, pour un mariage, par exemple, les matrones seules la portent ; cette coiffure, pouvant avoir à peu près 40 centimètres de hauteur, n'est qu'une forme de cuir, très-large du haut et plate, recouverte de drap ou d'étoffe rouge où sont attachées par rang des chaînettes d'or et d'argent terminées par des petites plaques en losange. Sur le haut de la coiffure, des pointes et des boules la font ressembler à une couronne; aux deux extrémités est fixé, en manière de voile, un par-dessus de soie jaune ou verte, brodé de soie de couleurs voyantes et tombant sur le dos. La broderie en est faite à l'aiguille. Deux femmes mettent trois mois pour confectionner un vêtement de ce genre. Du reste toutes les fois que les femmes sortent, elles mettent ce vêtement ou un plus ordinaire sur leur tête, de façon que la tête se trouve engagée dans l'entrée de la manche du vêtement formant capuchon, le tout rejeté en arrière. Dans tous ces costumes le rouge, le jaune et l'amarante dominent.

Lorsqu'une douzaine de femmes se trouvent ensemble et vont chercher de l'eau, le cliquetis produit par les bijoux qui se heurtent, ressemble assez au bruit des sonnettes d'une caravane de mulets. Jusqu'à présent je n'ai donné que le poids de la charge d'ornements que portent les Turcomanes, il faut, en outre, tenir compte du prix de la façon, des incrustations et des arabesques d'or. Les hommes ne portent pas le moindre ornement; les jeunes gens ont quelquefois une cornaline montée en manière de broche et qui sert à fermer le col de la chemise. Les femmes, au contraire, portent autant de bijoux qu'elles peuvent; souvent on voit de ces femmes dégoûtantes de malpropreté, en guenilles, n'ayant dans la tente qu'un petit sac de blé pour subvenir aux besoins de la famille, ne possédant pas de quoi se couvrir la nuit, mais chargées de leurs parures dont elles ne se séparent même pas pour dormir, et qu'elles ne mettent en gage qu'à la dernière extrémité, lorsque le mari les y force.

Les enfants, hiver comme été, ne portent qu'une chemise de soie ou de coton couverte aussi de plaques d'argent ou autres objets, selon la fortune des parents. Les garçons sont rasés ; on ne leur laisse que deux mèches au-dessus des oreilles et derrière, avec une troisième sur le haut de la tête, et cela jusqu'à l'âge de douze à quinze ans, quelquefois ces mèches sont tressées. Leur coiffure se compose d'une toque brodée, au sommet de laquelle se trouve une plaque d'argent surmontée d'un cylindre destiné à maintenir une aigrette de plumes ; autour de la plaque sont suspendues des chaînettes et des plaques d'argent. Les garçons portent cette coiffure jusqu'à environ dix ans. Les filles ont aussi un costume analogue à celui des garçons, sauf que la chemise descend jusqu'aux pieds. Elles sont aussi rasées, mais on leur laisse deux mèches sur les tempes et une troisième partant du haut de la tête et tombant sur le cou, jusqu'à douze ans, époque à partir de laquelle on laisse pousser tous les cheveux. Leur coiffure est la même que celle des garçons et ne diffère que par des cordons et des glands de laine ou de soie noire fixés à la toque et tombant sur les épaules et le dos ; elles gardent cette coiffure de quinze à dix-sept ans, plus quelques bijoux ou ornements. Ces enfants dont l'éducation est dure, restent jusqu'à l'âge de sept ou huit ans, sans chaussures ni pantalon, souvent la tête nue, aussi bien à l'ardeur du soleil qu'à la rigueur du froid. Aussi dans les dix premières années de leur existence il en meurt une grande quantité, mais à partir de cette époque ils sont vigoureux, endurcis à toutes les fatigues et capables de résister aux plus grandes privations.

La race est très-mêlée, et cela provient d'abord de la grande quantité de prisonniers des différents pays voisins, tels que Afghans, Persans, etc., qui ont fini par se faire naturaliser et se sont mariés dans le pays; ensuite des femmes prises à l'étranger, soit dans la Boukharie, soit en maraudant sur le territoire de Hérat ou de la Perse. Malgré cela, le type turcoman est si marqué, qu'on ne peut s'y méprendre et qu'il est facile à la première inspection de voir si un individu a du sang mêlé. Un jour je dis à un Turcoman, serdar de sa tribu et reconnu vrai Turcoman, que c'était une erreur et qu'il n'était pas de race pure; il fut très-étonné et me dit que ses aïeux étaient Turcomans; je ne contestai pas là-dessus, mais je lui fis observer que dans ses traits il avait quelque chose qui indiquait que, du côté des femmes au moins, un croisement avait eu lieu; effectivement, il avoua avec dépit que sa grand'mère était boukharienne.

Une particularité que j'allais omettre, c'est que beaucoup d'hommes et de femmes se font limer les incisives en manière de scie, afin de pouvoir briser les pepins de melon, de pastèque ou de citrouille dont ils ont toujours une poignée dans leurs poches, et surtout pour déchirer la viande et enlever sur les os ce que les chiens auraient de la peine à ronger.

Quant à la population des Tékhés, elle est difficile à

préciser et ce n'est qu'approximativement que je puis en parler. Je n'ai jamais pu me renseigner à ce sujet; les Turcomans ne donnent point de ces détails aux étrangers, ou lorsqu'ils en parlent, ils exagèrent d'une façon visible. Cependant on peut compter en moyenne 30 000 tentes chez les Tékhés, chaque tente contenant une famille, c'est-à-dire un homme, une ou deux femmes et des enfants. Il arrive aussi qu'une tente sert à plusieurs hommes non mariés. Comme ces peuplades sont toujours en guerre, et que la mortalité y est grande, il en résulte que la population n'augmente pas d'une façon sensible.

Les Akhals, près de la frontière du Khorassan, et aussi nombreux que les Tékhés de Marv, les Tedjens sur le cours d'eau qui porte ce nom, et les Tékhés sont de même race.

Ces populations ne peuvent, à cause de l'éloignement où elles sont les unes des autres, opérer ensemble, mais quelquefois elles se prêtent assistance en fournissant quelques centaines de cavaliers, à condition de n'avoir rien à redouter en cas d'attaque.

Les Tékhés de Marv sont divisés en vingt-quatre tribus qui sont fixées chacune sur le terrain qui lui est échu en partage, et ne se réunissent dans la grande enceinte que dans les moments de danger. Chacune de ces tribus nomme son chef ou maire, *Kedkouda* ou *Riché-sefit* (barbe blanche); quoiqu'il se trouve dans les tribus des khans appartenant à d'anciennes familles et qui exercent cependant une certaine influence, ceux-là ne sont pas toujours nommés chefs, à moins qu'ils ne réunissent les qualités voulues, ancien. On choisit pour kedkouda un homme reconnu des plus intelligents, aussi probe que possible et capable de défendre les intérêts de la tribu. Ces kedkoudas se rassemblent et délibèrent sur les mesures à prendre en cas de guerre, d'excursions, etc., sur le partage des eaux d'irrigation, sur la construction des digues et des canaux, enfin sur tout ce qui peut avoir une utilité générale. L'un de ces kedkoudas, Khonchid-Khan, exerce sur les autres une certaine suprématie qu'il doit à son intelligence astucieuse et, au besoin, plus politique que celle des autres. Quoiqu'il soit reconnu comme le descendant de la plus ancienne ou plus considérable famille de la race Tékhé, il ne peut cependant agir contre la volonté des autres; car les Turcomans, tout en reconnaissant tel ou tel pour chef, n'en gardent pas moins une égalité et une liberté entières. Entre ces nomades que l'on peut appeler barbares vis-à-vis de leurs ennemis, il existe une cordialité et une entente que l'on ne rencontre nulle autre part. Du berger au chef il n'y a pas de différence; tout le monde ayant le droit de discuter et de donner son opinion dans le conseil qui se tient en public. Le domestique même, tout en faisant le travail ordonné par le maître, reste sur un pied d'égalité; il est regardé presque comme faisant partie de la famille.

J'ai rarement vu des querelles et des scandales chez les Turcomans. Quelquefois j'ai assisté à des discussions très-vives, mais jamais je n'ai entendu de sottises ni de mauvais mots comme dans d'autres pays. Ils sont aussi moins rigides vis-à-vis de leurs femmes que les Persans, par exemple, qui prétendent qu'une femme doit être tuée sur un soupçon. Ils ont plus de considération et de respect pour elles que ces derniers.

Lorsqu'il y a des étrangers dans la tente, les femmes se passent seulement un coin du voile sur le bas du menton et parlent en baissant la voix, il est vrai qu'elles sont, du reste, saluées par les visiteurs avec lesquels elles causent sans que cela soit trouvé mal. Même une femme peut aller d'une tribu à une autre, parcourir un chemin long et isolé, sans jamais avoir à craindre la moindre insulte de qui que ce soit.

Le visiteur, voisin ou étranger à la tribu, a une manière de se présenter qui ne varie jamais. Après avoir levé la portière de la tente et s'être baissé en entrant, il s'arrête et se redresse de toute sa hauteur; après une pause de quelques secondes pendant laquelle il tient les regards fixés sur la voûte de la tente, sans doute pour donner aux femmes le temps de se cacher le menton; il prononce le salut sans faire aucun geste. Les échanges de civilités et les informations réciproques de la santé des parents, des amis et de la tribu étant terminés, le maître de la tente prie le visiteur de venir prendre place sur le tapis et à côté de lui. Aussitôt la femme présente la serviette du pain, et l'on offre immédiatement le pain et l'eau, du lait aigre ou des fruits. L'étranger, par discrétion, ne prend que quelques bouchées de ce qu'on lui offre, et après l'*Allah akber* (Dieu est grand), on lui donne la pipe et on lui prépare du thé; s'il est musicien, on l'engage à prendre la doutare (deux cordes) et à chanter quelque chose; dans tous les cas, on le garde jusqu'à ce qu'il ait manifesté le désir de s'en aller. Mais si c'est un parent ou un ami revenant d'un voyage, tel que celui de Boukhara, où il a été vendre des prisonniers, ou au retour d'une maraude, les saluts se font différemment, on se lève et l'on va au-devant de l'arrivant, tout cela avec calme. Les hommes s'arrêtent à une certaine distance et portent les deux mains en avant; après une étreinte des mains de quelques secondes, on les retire et il y a échange de saluts pendant lesquels on s'asseoit pour continuer la conversation. Les femmes s'avancent aussi vers le nouvel arrivé, qui à leur approche se met de côté, écarte un bras dans leur direction de façon que la femme puisse le prendre entre les deux mains; après une pause dans cette attitude, elle se retire d'un ou deux pas en arrière, et s'informe aussi si la campagne a été bonne, quel en a été le résultat, etc.; il en est de même pour la mère, la sœur, l'épouse et l'amie.

Les femmes ont aussi leurs saluts particuliers; la parente ou l'amie venant d'une autre tribu entre et se présente comme l'homme. Alors la maîtresse de la tente se lève et va au-devant d'elle en conservant une sorte de roideur; car les Turcomanes marchent toujours en redressant la taille et effaçant les épaules, au point d'avoir le haut du corps très en arrière; si celle qui reçoit est la plus âgée elle lève les deux mains et les pose à plat sur les deux épaules de la visiteuse pendant quelques secondes, puis les laisse retomber naturellement. Les saluts d'usage terminés elle prie la visiteuse de prendre place dans le côté réservé aux femmes et lui offre quelque chose : S'il y a des hommes dans la tente, les visiteuses échangent quelques saluts avec eux et après un moment les hommes se lèvent et sous un prétexte quelconque sortent afin de laisser les dames libres de causer entre elles de leurs affaires.

Les adieux n'ont rien d'affecté ; celui qui part, monte à cheval et s'éloigne sans rien dire ; du seuil de la tente on adresse quelques souhaits de bon voyage, ou l'on accompagne le voyageur pendant quelques pas, et alors le plus ancien des hommes présents récite une courte prière en faisant des vœux pour la réussite et le retour de celui qui part ; puis chacun répète l'*Allah akber* en se caressant le bas de la figure. Les plus superstitieux jettent une cruche d'eau sur les jarrets du cheval qui s'éloigne. Cet usage existe aussi dans le Khorassan, je ne sais dans quel but. M'étant informé souvent, pourquoi telle ou telle coutume était en usage et quelle en était l'origine, il m'a toujours été répondu invariablement, c'est un usage, cela s'est toujours fait, nos aïeux le faisaient, nous ne savons pas pourquoi ; de façon qu'il m'a été impossible de rien savoir comme tradition.

Lorsque les Turcomans ont des difficultés ou des intérêts à débattre et qu'ils ne peuvent tomber d'accord, ils s'en rapportent au jugement ou à l'arbitrage des anciens ou d'un *kazi* (mollah, juge). Un marché entre nomades est interminable ; ce n'est quelquefois qu'après deux ou trois mois de discussion que l'on finit par conclure, et une fois le marché terminé et accepté, on en remplit loyalement les conditions, même si l'affaire est désavantageuse ; il n'en est pas de même, bien entendu, vis-à-vis d'ennemis ou de prisonniers, contre lesquels leur perfidie et leurs ruses n'ont plus de bornes. Cependant ils apprécient la loyauté et la franchise, et en font parade quand l'occasion s'en présente. A Mesched, un Turcoman auquel on disait, à propos de mon rachat, qu'on n'avait pas une grande confiance en sa parole, répondit que c'était une erreur de le supposer, et que si la parole d'un Européen arrivait jusqu'à la ceinture, celle d'un Turcoman montait jusqu'à la barbe.

La manière de vivre des Turcomans fait que cette vie en commun leur impose des devoirs d'hospitalité, de politesse et de bonnes relations, même lorsque les idées ou les intérêts sont différents. Chacun aime sa tribu et se dévoue au besoin pour la communauté. Leurs costumes et leurs mœurs sont simples. Leurs manières décentes et empreintes d'une certaine gravité, ne peuvent être comparées à celles des peuples voisins, même des Boukhariens et des Khivaïens, chez qui la corruption des mœurs est arrivée à un certain degré.

Malgré le cadre qui ne me permet pas de m'étendre beaucoup, je crois devoir donner encore quelques détails sur le caractère des Turcomans, les décrivant tels qu'ils sont entre eux dans la vie intime, et laisser de côté ma position de captif, obligé de subir ma captivité, et de lutter contre l'astuce et la déloyauté de ces nomades vis-à-vis de leurs prisonniers.

Le Turcoman, quoique affectant beaucoup de dignité dans ses allures, est gai, insouciant et enthousiaste quelquefois. Dans ces moments-là il oublie ses mauvais instincts et devient même généreux. Il est brave, intelligent, et voit arriver la mort sans sourciller. Seulement chez lui la rapacité, l'avarice et le vol sont innés ; son désir est toujours d'entasser de l'argent, de ne déterrer le sac à argent sur lequel il couche que pour le compter et y ajouter quelques pièces, préférant subir toutes sortes de privations plutôt que de débourser de quoi se procurer le nécessaire. Les bijoux de la femme sont considérés comme une partie du trésor que l'on n'engage que bien rarement. Depuis l'enfant qui a à peine la force de saisir et va en se traînant cacher dans le sable un objet volé, jusqu'au vieillard tremblant et infirme, tous ont l'instinct de l'accaparement et du vol. L'enfant vole la mère, la femme vole son mari, le frère vole la sœur, mais tout cela en famille, car au dehors cela n'est pas possible, tout le monde étant de même force en fait de rapine et se tenant sur ses gardes. De plus, ce qui les retient un peu, c'est qu'un individu pris à voler dans une tente est presque à la merci de celui qui le prend sur le fait, et qu'ensuite il est déshonoré dans sa tribu. Ne pouvant satisfaire ce vice chez leurs voisins, vu les représailles que cela pourrait entraîner, ils se contentent de le satisfaire entre parents, qui trouvent cela naturel ; en outre, ils ne pourraient voler chez les autres que des choses faisant partie du mobilier d'une tente, et comme tout se voit et se sait, l'objet volé devrait rester caché, sans servir à aucun usage, et en ce cas le vol devient inutile. Aussi est-il assez rare hors de la famille, et lorsqu'il y en a, c'est toujours par quelqu'un d'étranger à la tribu.

Outre le Khoran qui sert de code pour juger certaines questions, la justice se rend ordinairement dans chaque tribu. Si un crime a été commis, le coupable est livré à la merci de la famille ou des parents de la victime, après que la culpabilité a été reconnue par les anciens, ou par un conseil d'arbitres réuni à cet effet, et qui cherche, autant que possible, à arranger l'affaire à l'amiable en faisant accepter à la famille de la victime le prix du sang soit en nature, soit en espèces. Si la famille n'accepte pas, on lui livre le coupable, qu'elle exécute elle-même. Si le coupable appartient à une autre tribu le jugement ou l'arrangement se fait par des arbitres de ces deux tribus ; le criminel subissant la même mort que celle qu'il a donnée à la victime, même par accident.

A mon retour à Sarakhs, quelques Turcomans de ceux qui m'avaient escorté jusque-là, étant allés faire du vert dans les environs, furent assaillis par d'autres Turcomans Tékhés en maraude, qui les prirent pour des Saroks, leur tuèrent un cheval et blessèrent un homme. Mais les combattants s'étant bientôt reconnus le combat cessa et après toutes sortes de regrets, les agresseurs s'offrirent à réparer le mal qu'ils avaient fait involontairement, et se tinrent prêts à accepter les conditions qui leur seraient imposées. A son retour à Sarakhs, le chef de ceux qui avaient été assaillis me dit que d'abord il avait le droit d'exiger un cheval de même valeur que celui qu'on avait tué, qu'ensuite si l'homme blessé venait à mourir, il avait aussi le droit de prendre un de ceux faisant partie de la maraude, ne sachant pas de quelle main provenait la blessure. Mais que dans ce cas où il n'y avait pas mauvaise intention, on se contenterait d'un présent pour le blessé ou d'une indemnité faite par les hommes de la maraude, à la famille du mort. Généralement, tout se fait à l'amiable ou de famille à famille ; ou il faut alors que l'affaire soit difficile à conclure, et dans ce cas on s'en rapporte au jugement des *Riché-sefit*. Ces choses-là sont très-rares et pendant mon séjour chez les Tékhés, je n'ai vu qu'une seule exécution, et l'exécuté était étranger, de la tribu des Saroks.

Les Tékhés et les Saroks sont ennemis, et par conséquent, vont marauder les uns chez les autres. Le Sarok dont je parle, ayant été pris et reconnu pour avoir tué plusieurs Tékhés, fut demandé par les différentes familles, qui exprimèrent le désir de le tuer (les Turcomans ne se vendent pas entre eux, ils se tuent ou restent prisonniers et finissent par se racheter ou par se fixer là où ils sont). Le jour de l'exécution arrivé, quelques Kedkoudas, parmi lesquels comptait celui qui est chargé de présider aux exécutions et qui s'appelle *Kara-cheitan* (noir diable), disposèrent la cérémonie de façon que tout se passât en ordre.

Le Sarok, plein de dignité et de calme, fut amené dans le plus grand silence ; on lui lia les mains derrière le dos et l'ayant fait agenouiller, le plus ancien de ceux qui avaient demandé sa mort prit un couteau et lui coupa la gorge, comme on le ferait pour saigner un mouton, sans que le Sarok eut fait un geste ou poussé le moindre cri ; après quoi, l'un emporta sa tête, l'autre lui enleva le cœur, tout cela méthodiquement et sans démonstrations. Les personnes présentes s'en retournèrent pénétrées d'admiration pour le Sarok mort en vrai Turcoman.

Paris. — Imprimerie de E. MARTINET, rue Mignon, 2.

www.ingramcontent.com/pod-product-compliance
Lightning Source LLC
Chambersburg PA
CBHW060926050426
42453CB00010B/1874